紙の本を
無料で出版する方法

エリザベス三世

ISBN: 978-1530018567

目次

はじめに

　本書をお手に取っていただき、誠にありがとうございます。著者のエリザベス三世と申します。電子書籍の個人出版サポートを主な生業としておりますが、昨年より、紙書籍の出版にも携わるようになりました。本書ではそのノウハウを活かして、紙書籍を無料で個人出版する方法を図解で説明しています。

　出版した本は、世界中の Amazon で販売されます。そして、販売価格の最大 60%が印税収入になります。登録料や年会費などは一切かかりません。しかも、ISBN（世界共通の国際標準図書番号）が無料で提供されますので、正式な刊行物という扱いになります。

　必要なのは、パソコン 1 台だけ。Amazon のグループ企業である CreateSpace が提供している無料ツールやサービスを利用します。印刷と製本は CreateSpace がやってくれますし、受注と発送は Amazon で行われますので、あなたは PDF 形式の原稿を登録するだけで、あとは自動的に印税が振り込まれてくるという、信じられないほど至れり尽くせりのサービスなのです。

　Amazon グループですから Kindle と相性が良く、米国では KDP（Kindle Direct Publishing）で電子書籍を個人出版している人は CreateSpace で紙書籍も出版するのが一般的だそうです。ところが日本では、KDP に比べて CreateSpace は情報量が圧倒的に少なく、全くと言ってよいほど知られていません。たとえ知っていたとしても、日本では利用できないと思われているようです（実際、一部の案内に「現在、日本ではご利用いただけません。」という記述があります）。けれども実際には、言語に「Japanese」を選択できますし、出版した本は amazon.co.jp を含めた世界中の Amazon

で販売されます。

　ただし、作成画面はすべて英語ですし、問い合わせも英語でしなければいけません。普段英語を使い慣れていない方にとって、これはかなりハードルが高いと感じられるかも知れませんが、だからこそ、まだ日本に普及していない今がチャンスなのです。全世界で実績のあるサービスですから、画面の案内に従って作業を進めていけば、決して難しいことではありません。

　あと数年もすればCreateSpaceもKDPのように完全に日本語対応されるかも知れませんが、そうなった時には、誰もが紙書籍を気軽に個人出版するようになることでしょう。まだライバルのいない今だからこそ、「私の本が紙書籍で出版されています」ということが大きなステータスになるのです。

第１章

アカウント準備

1-1　アカウントの登録

　それでは早速、アカウントを登録してみましょう。CreateSpace
のホームページを開いてください：

https://www.createspace.com/

「Sign Up」をクリックします：

　次の画面になりますので、必要事項を入力して「Create My
Account」をクリックします：

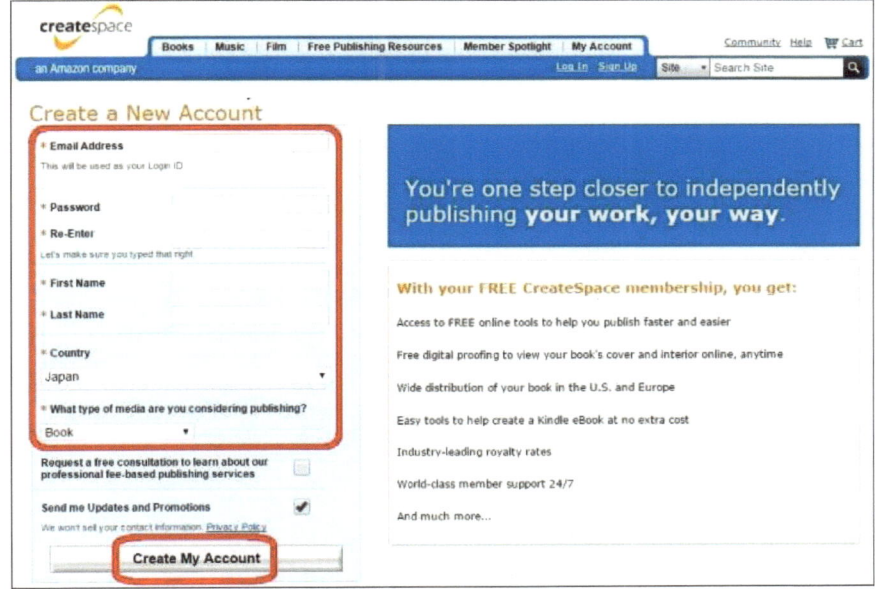

・Email Address（メールアドレス。これがログイン ID になります）

・Password（パスワード）

・Re-Enter（念のためパスワードを再入力します）

・First Name（名）

・Last Name（姓）

・Country（プルダウンメニューで Japan を選択します）

・What type of media are you considering publishing?（プルダウンメニューで Book を選択します）

　姓名は日本語でも入力できますが、文字化けしてしまいますので、半角英数字のほうが無難です。後で変更することもできます。

　「Request a free consultation to learn about our professional fee-based publishing services」は選択されていないままで構いません（これを選択すると、有料サービスを受けたい時の電話番号を入力する欄が表示されます）。

「Send me Updates and Promotions」は選択されたままにしておきましょう。CreateSpace から更新情報などのお知らせメールが来ます。私の経験上、迷惑メールが来ることはありません。

次はサービス同意書になりますので、「I agree to all terms and conditions of this Membership Agreement and agree to comply with them at all times.」を選択して「Continue」をクリックします：

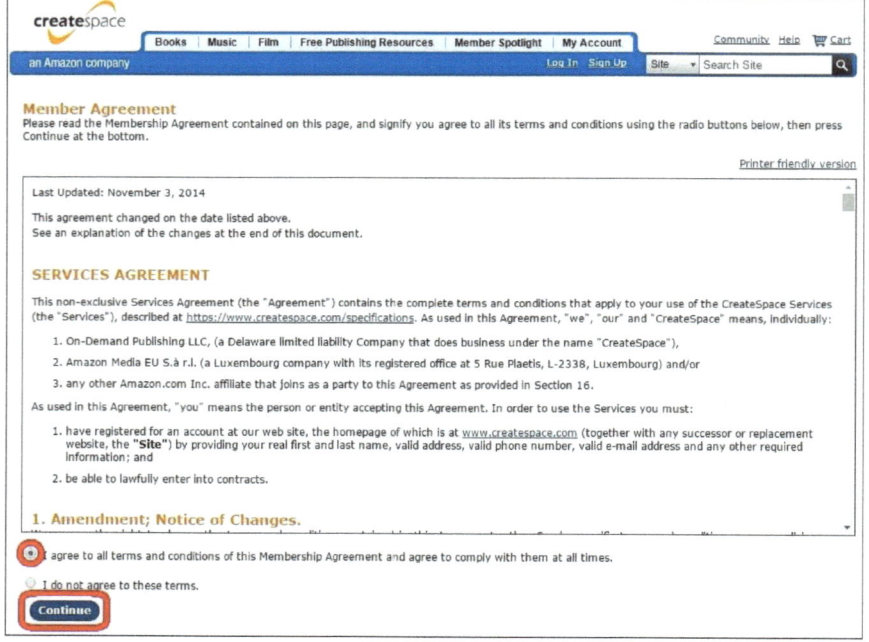

次の確認画面で「Resend email」をクリックします：

　指定したメールアドレスに「CreateSpace‐Verify Your Email Address」という件名のメールが届きますので、それを開いて「Click here to get started」をクリックします：

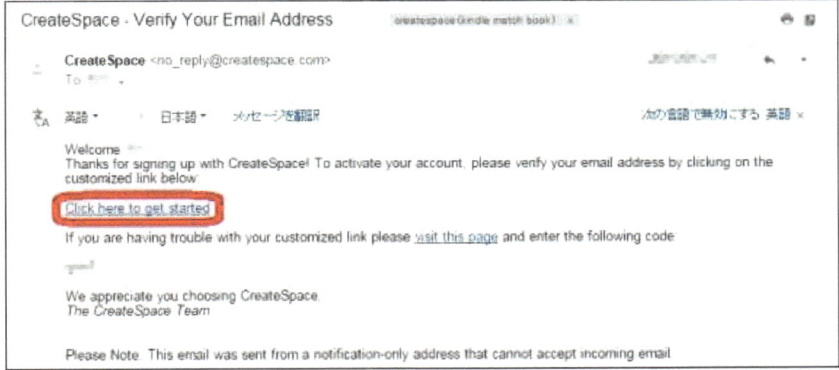

　ログイン画面になりますので、ログイン ID（メールアドレス）とパスワードを入力します：

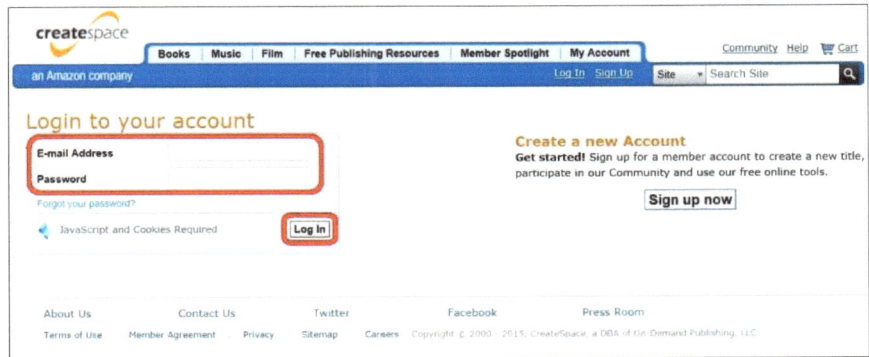

以下の画面が表示されて、アカウント登録が完了です：

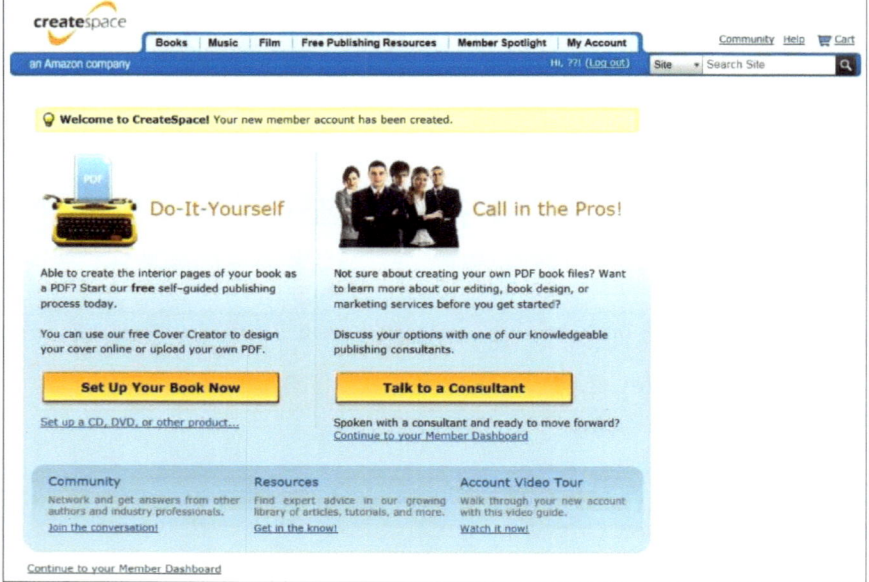

1-2　アカウント情報の設定

　CreateSpace へは、トップページからもログインページからもログインできます。いずれの場合も、メールアドレスとパスワードを入力して「Log In」をクリックしてください：

●トップページ

https://www.createspace.com/

●ログインページ

https://www.createspace.com/Login.do

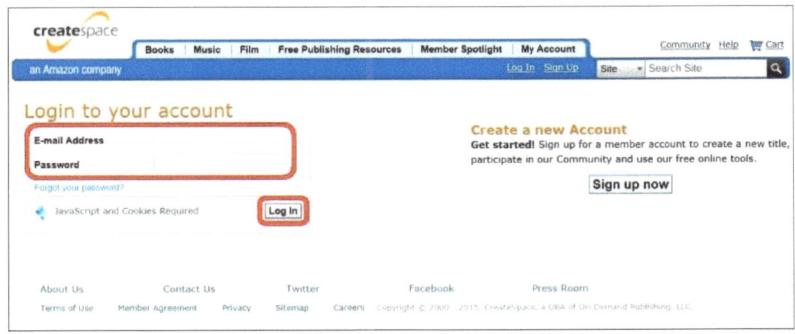

左下と右上に「My Account」メニューがありますので、そのいずれかで「Edit Account Settings」を選択してください：

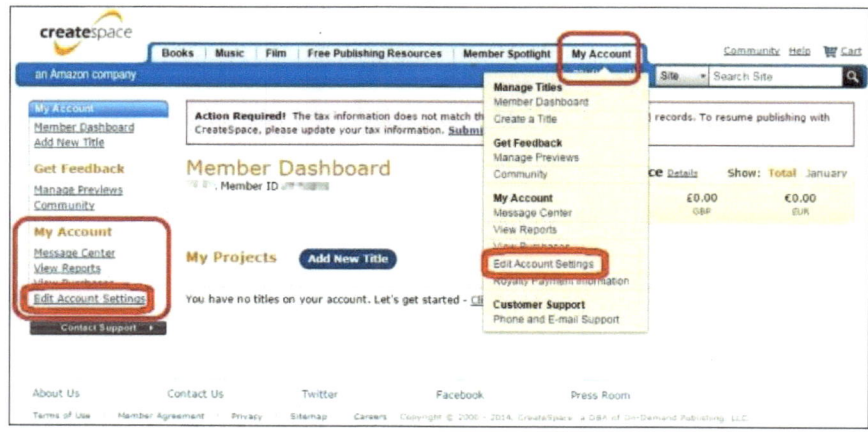

　アカウント設定画面になりますので、「Account Information」の「Manage your account information and password」をクリックします：

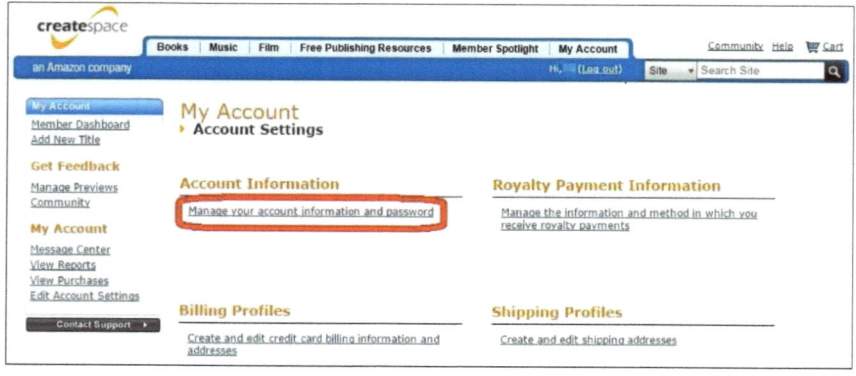

　アカウント情報の入力画面になります。メールアドレス・名前・姓・国は登録済みですので、それ以外の必須項目である住所を英語で入力して「Save」をクリックください：

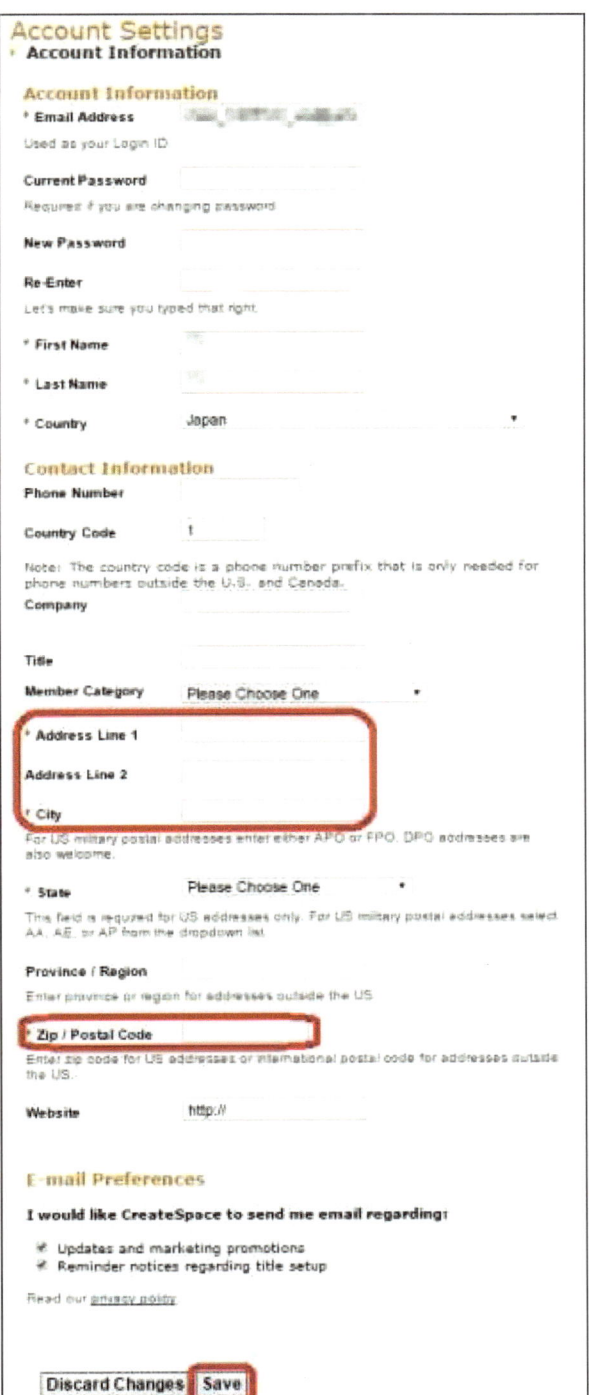

英語表記の住所は「番地，町名，市(区)名，都道府県名」という順番になりますので、Address Line 1 に番地を入力し（例：2-15-1）、Address Line 2 に町名と市(区)名をカンマで区切って入力し（例：Shibuya, Shibuya-ku）、City に都道府県名を入力すると良いでしょう（例：Tokyo）。Zip / Postal Code は日本の郵便番号を入力します（例：150-0002）。

1-3 印税の受け取り方法

　印税の受け取りは、銀行口座振込あるいは小切手のいずれかになります（ただし、口座振込は欧米の銀行にしか対応していません）。

　アカウント設定画面の「Royalty Payment Information」で「Manage the information and method in which you receive royalty payments」を選択してください：

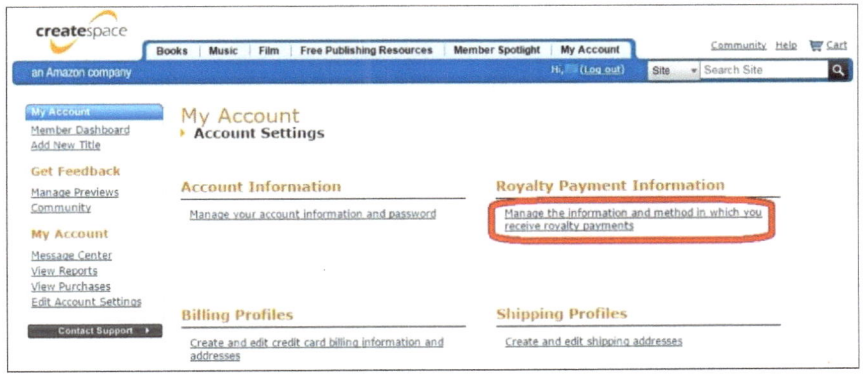

　先ほどと同じ要領で、「Payee Information」に自分（印税の受取人）の住所を入力します。

　そして、「Payment Information」の「Payment Type」で、「Direct Deposit」（口座振込）か「Check」（小切手）のどちらかを選択します：

　欧米の銀行口座を持っていなければ小切手を選択するしかありませんが、日本国内で小切手を換金するには手数料が 5,000 円近くかかってしまいます。まずは小切手を選択しておいて、印税の見通しがついた時点で口座開設を検討すると良いかも知れません。三菱東京 UFJ 銀行のカリフォルニアアカウント・プログラムを利用すれば、日本国内から米国ユニオンバンクの口座を開設することができます。

　印税は月締めで計算されます。振り込まれるタイミングは販売チャネルによって異なりますが、大まかに言えば、欧米で発生した印税はその翌月末に、それ以外の国（日本など）で発生した印税は翌々月末に振り込まれます。ただし、最低支払額（銀行振込の場合は$10 以上、小切手の場合は$100 以上）に達するまでは振り込みが保留されます。

　また、印税からは米国の税金 30%が自動的に源泉徴収されてしまいますが、これは本来、米国外居住者は支払う必要のないものです。免税手続きをすれば、米国の税金が差し引かれることはありません。免税手続きには、米国外居住者であることを証明する米国 TIN（納税者番号）が必要になります（米国 TIN の申請方法については、KDP のヘルプトピックをご参照ください）。

「Tax & Business Information」の設問に答えていって TIN を入力すれば源泉税率が 0%になりますので、印税額が増えて来たら挑戦してみると良いかと思います：

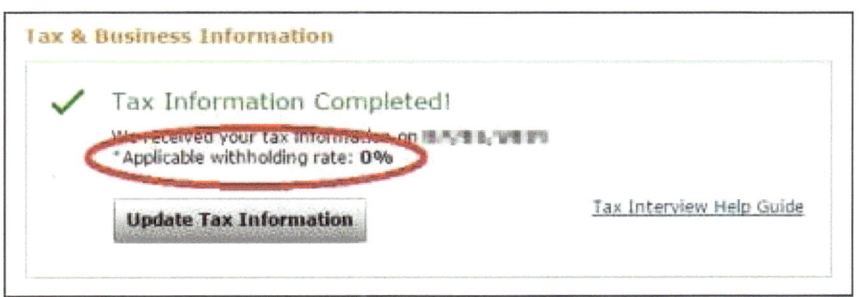

第2章

原稿の作成から
　　　出版まで

2-1　書籍情報の登録

　CreateSpace にログインして最初に表示されるのは、Member Dashboard です。左メニューか真ん中のボタンのいずれかで、「Add New Title」をクリックしてください：

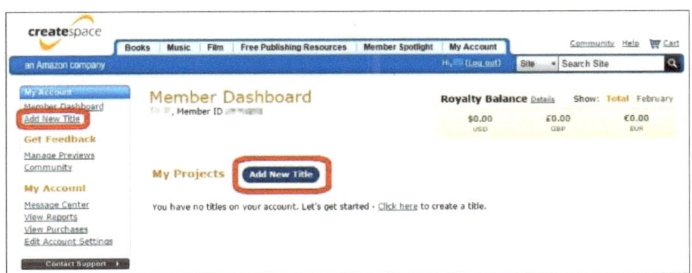

　いよいよ書籍情報の入力画面に入ります：

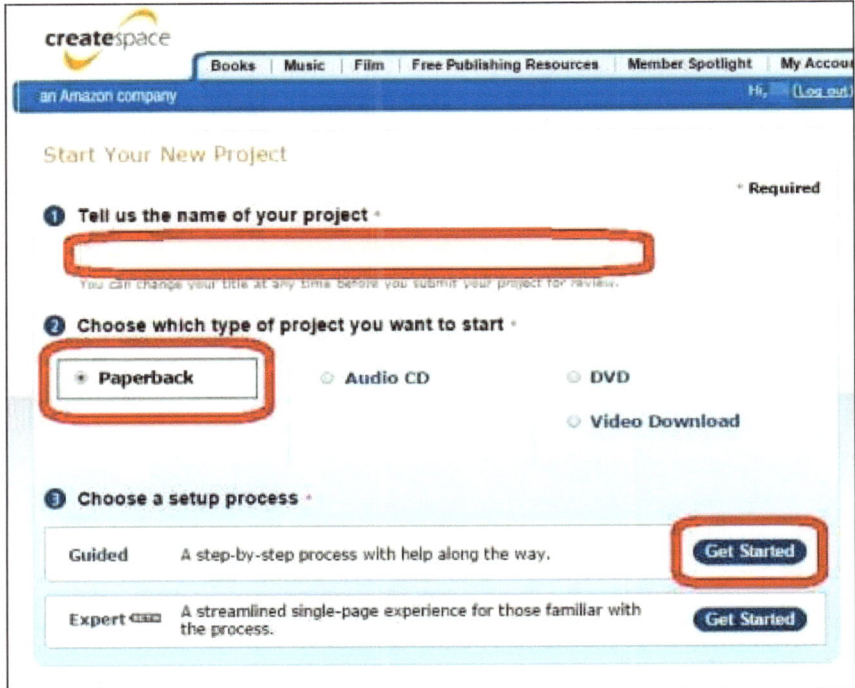

①はプロジェクト名です。書籍タイトルを入力するのが一番分かりやすいかと思います。ただし日本語はエラーになってしまいますので、半角英数字で入力してください。

　②は「Paperback」を選択します。

　③は「Expert」ではなく「Guided」の「Get Started」をクリックします。

　次の画面では、タイトルが既に入力された状態になっていますので（変更もできます）、著者名を入力して言語を選択し、次に進みます：

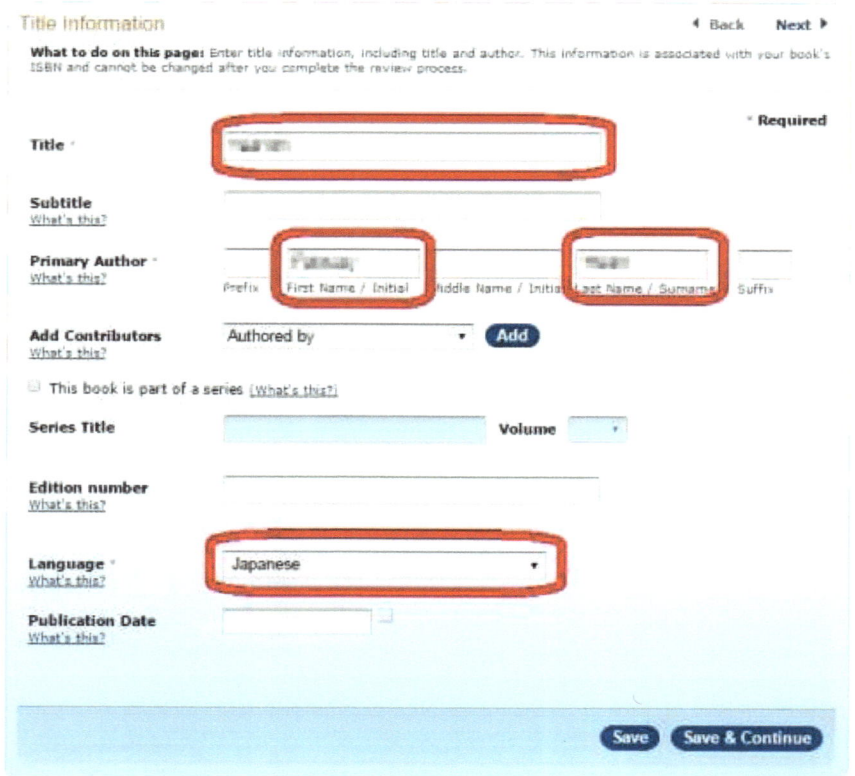

　著者名もタイトルと同様、半角英数字で入力しないとエラーになります。

「Language」はデフォルトが「English」になっていますので、「Japanese」を選択し直すのを忘れずに。

　必須入力項目はこれだけです。必要に応じて、サブタイトル、著者以外に本の作成に関わった方々の姓名、シリーズ名、何版目なのか（初版なら 1）、発行日（未来の日付は不可）もこの画面で入力できます。

「Save & Continue」で次に進むと、ISBN のオプション選択画面が表示されます：

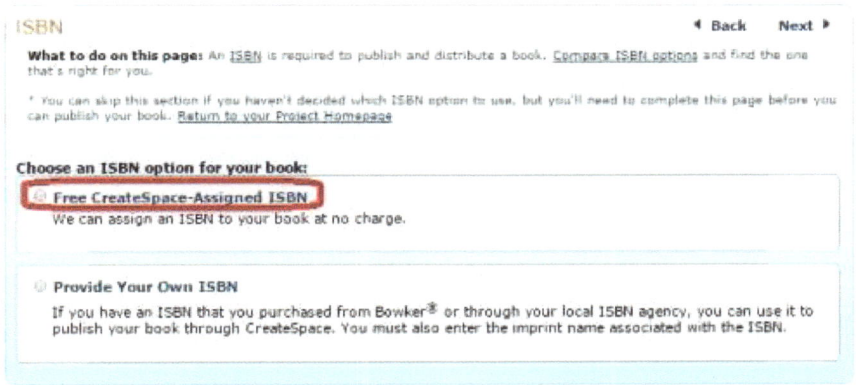

　「Free CreateSpace-Assigned ISBN」を選択すると、CreateSpace が ISBN を無料で提供してくれます。「Assign Free ISBN」ボタンが表示されますので、それをクリックしてください：

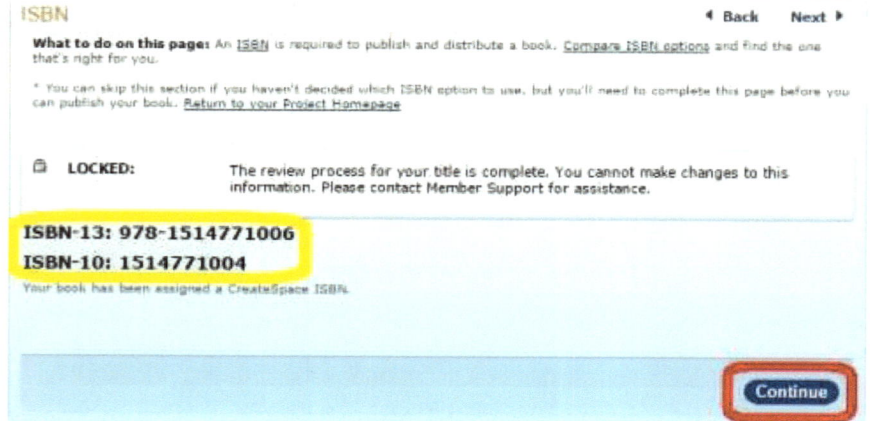

CreateSpace から割り振られた ISBN が表示されます：

　　ISBN とは、世界共通の国際標準図書番号です。市販の書籍の裏
表紙に印刷されているバーコードが ISBN です。正式な刊行物の
みに固有に割り当てられるため、ISBN さえあれば、世界中どこで
もその本を検索して探し出すことが可能です。

　　これからあなたが出版する本にも、ISBN がバーコードで印刷さ
れるのです！

　　これで書籍情報の登録は終了です。「Continue」をクリックして、
原稿の作成と登録に進みましょう。

2-2 原稿ファイルの作成と登録

　ここまでで「Title Information」（書籍情報）と「ISBN」が終わりましたので、次は「Interior」（本の中身）になります。この画面で、カラーか白黒か、紙の色、サイズを選び、原稿ファイルをアップロードします：

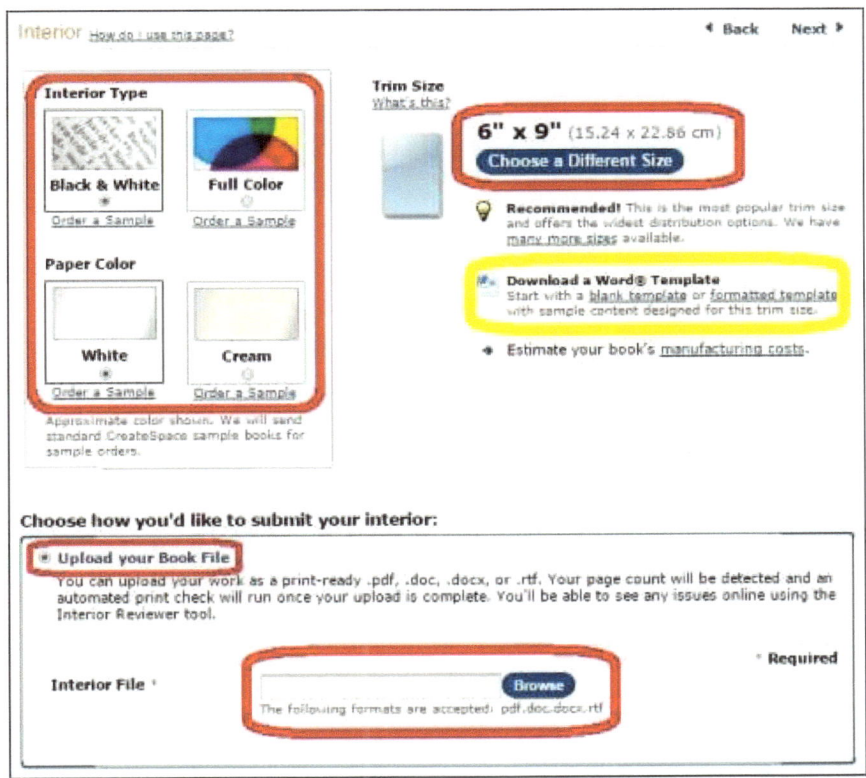

【Interior Type】

　原稿を白黒印刷するかフルカラー印刷するかを選択します（ここで白黒を選択しても、表紙はフルカラーです）。フルカラーにすると本の価格が高くなってしまいますので、白黒を選択することが多いのですが、本書は図が多いためフルカラーにしました。

【Paper Color】

　紙の色を、白かクリーム色か選択します（Interior Type でフルカラーを選択した場合は、Paper Color に白しか選択できません）。小説の場合、海外ではクリーム色を選択する方が多いようです。私は両方とも実物を手に取って確かめましたが、クリーム色の紙はワラ半紙のようで高級感が感じられなかったため、白のほうが好みです（あくまで個人的な見解です）。

【Trim Size】

　本のサイズ。欧米で最も流通しているサイズは 6×9 インチ（15.24 x 22.86 cm）です。これは A5 に近い大きさですが、他にもいろいろなサイズがありますので、お好きなものをお選びください。私の場合は、コンパクトサイズが好きなので最も小さな 5×8 インチ（12.7 x 20.32 cm）にすることが多いのですが、本書は図が多いため 6×9 インチにしました。

　原稿ファイルは、PDF, DOC, DOCX, RTF の形式に対応しています。慣れないうちは、CreateSpace のテンプレート（ファイル形式は DOC）を使用すると良いかも知れません。テンプレートは「Download a Word® Template」からダウンロードできます。ただし、日本語の場合は PDF にしないと文字化けする可能性がありますので、DOC で作成した原稿は PDF に変換してからアップロードしてください。私は CubePDF という無料 PDF 作成ソフトを使用して DOC から PDF に変換しています。

縦書き（右綴じ）にすることも可能です。とはいえ縦書きオプションがある訳ではなく、CreateSpace はすべての本を左綴じで作成するのですが、原稿ファイルのページの並び順を逆向きにして、表紙ファイルの表紙と裏表紙の位置を逆にすれば、ひっくり返すと正しいページ順の右綴じの本になるという訳です。ただし、Amazon の販売ページで、表紙画像が表示されるべき場所に裏表紙が表示されてしまいます。

　作成した原稿ファイルは、「Upload your Book File」で「Browse」をクリックしてアップロードします。

　アップロードする際、ファイルタイプに PDF を選択すると、「Bleed」(断ち切り)オプションが表示されます。「Ends before the edge of the page」が選択された状態になっていますので、そのままにしてください（写真集の場合は、画像をなるべく断ち切りたくないかと思いますので、「Ends after the edge of the page」を選択すると良いでしょう）。

「Run automated print checks and view formatting issues online.」も選択された状態になっていますので、そのままにしてください。ファイルに不備がないかどうか自動的にチェックしてくれます：

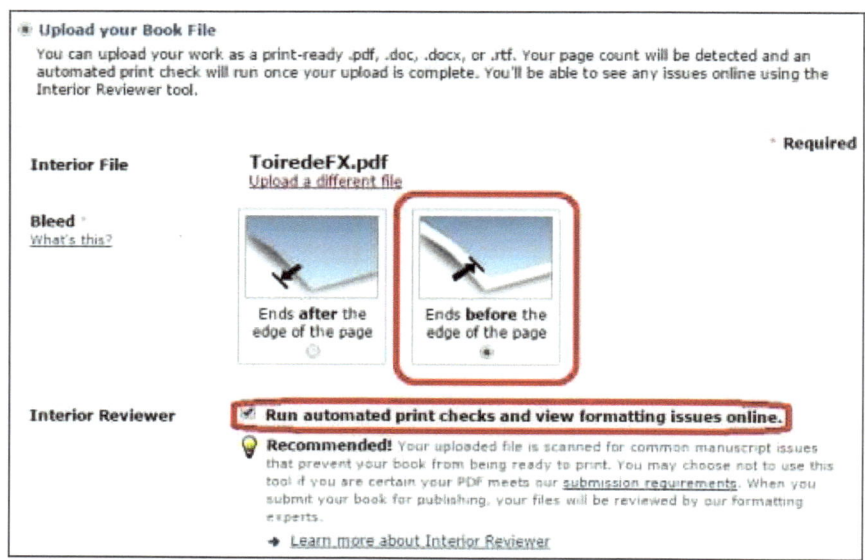

「Save」をクリックするとファイルチェックがかかりますので、数分間お待ちください：

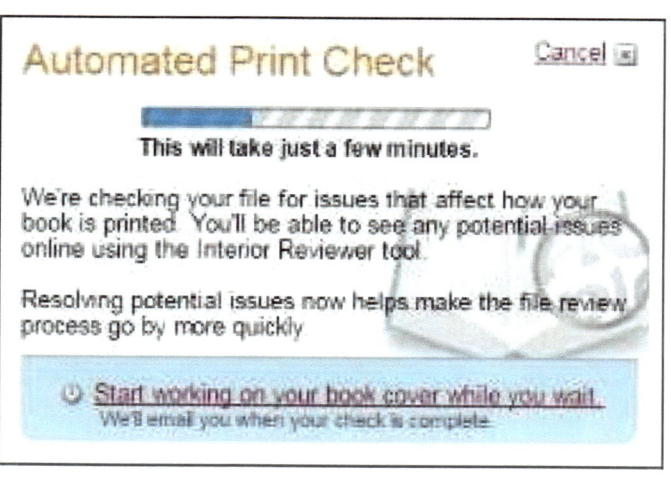

チェックが終わりました。問題が見つかった場合は、「Launch Interior Reviewer」をクリックして内容を確認してみます：

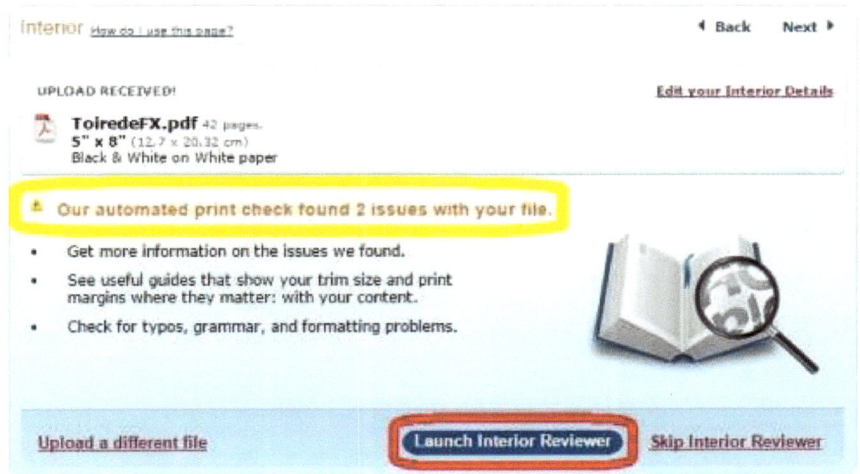

下記ポップアップが表示されますので、「Get Started」をクリックします：

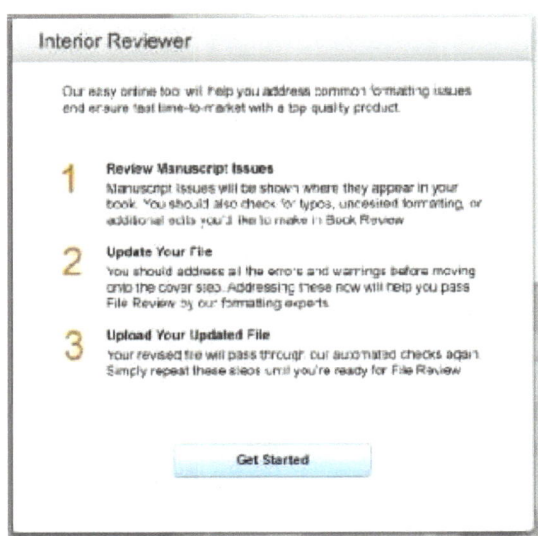

すると Interior Reviewer が表示されます。とても見やすくて使

いやすいです：

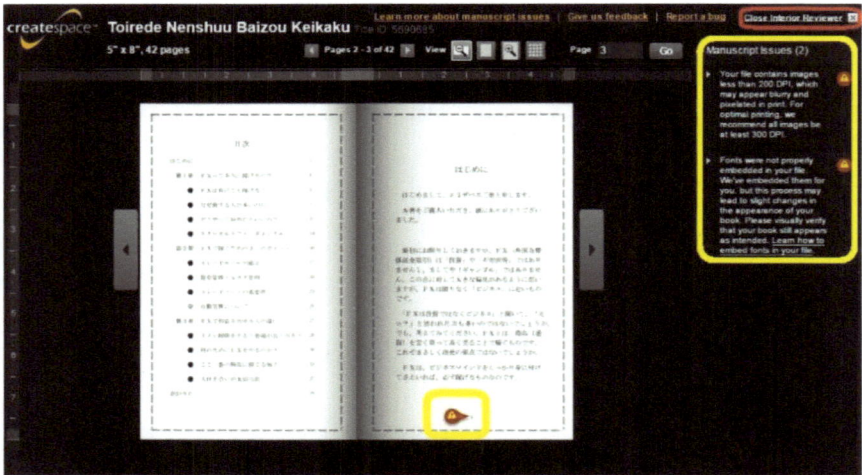

　使用した画像の解像度が低かったのと（300dpi 以上が推奨）、PDF
にフォントが埋め込まれていなかったのが問題のようです。

　右上の「Close Interior Reviewer」で戻って、ファイルを修正
して再度アップロードしてみたところ、今度は大丈夫だったよう
です：

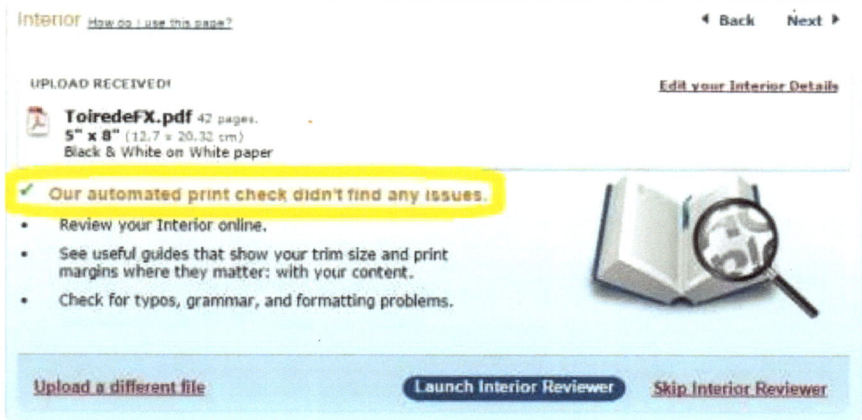

念のためもう一度 Interior Reviewer を確認してから、「Save and Continue」で終了します：

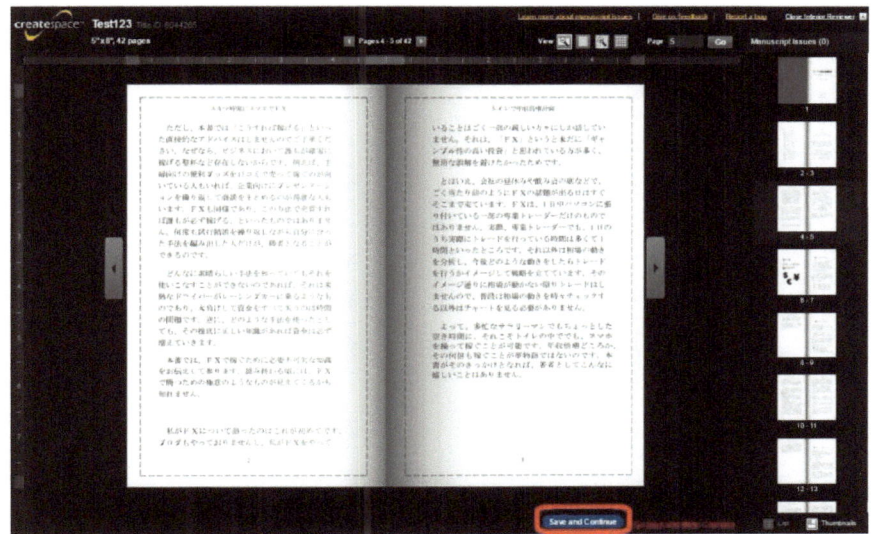

　これで原稿ファイルの作成と登録は終了です。「Next」あるいは「Continue」で次に進んでください：

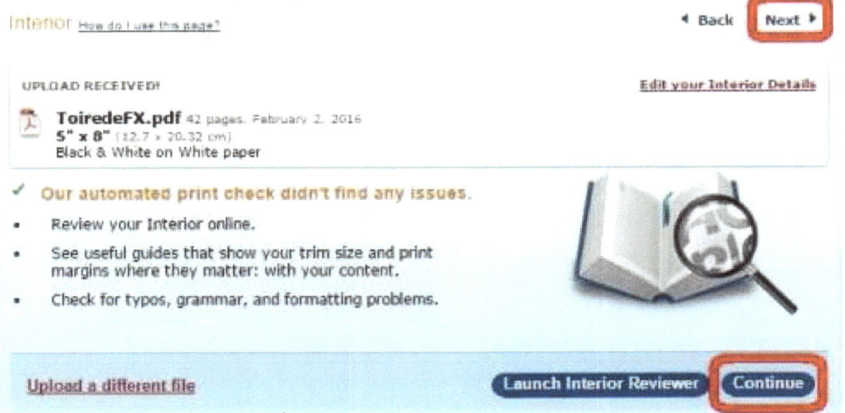

2-3　表紙ファイルの作成と登録

　次は「Cover」（表紙）です。まず、「Matte」（艶消し）か「Glossy」（光沢仕上げ）かを選択します：

　小説は「Matte」、ハウツー本や写真集などは「Glossy」が推奨されていますが、これはあくまでも好みの問題です。私は何となく Glossy が好きで、本書も Glossy で作成しましたが、Matte も手に吸い付くような感触があって良いものです。

　それではいよいよ、表紙ファイルの作成に入ります。無料で作成できるのは「Build Your Cover Online」と「Upload a Print-Ready PDF Cover」です。いずれの場合も、ISBN のバーコードが裏表紙に自動的に印刷されます：

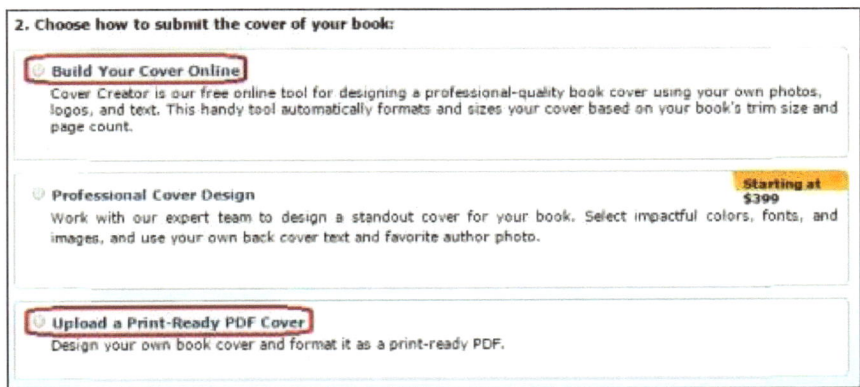

　「Build Your Cover Online」は、テンプレートを使用して作る方法です。こちらで用意した画像を、テンプレート内にアップロードするだけですし、断ち切り分の幅や背表紙の厚さを自動的に計算してくれます。しかもこのテンプレートがかなり充実していますので、見栄えのする表紙を簡単に作ることができます。

　「Upload a Print-Ready PDF Cover」は、すべて自分で作る方法です。

　ここでは、テンプレートを使用して表紙を作ってみましょう。
　「Build Your Cover Online」を選択して「Launch Cover Creator」をクリックします：

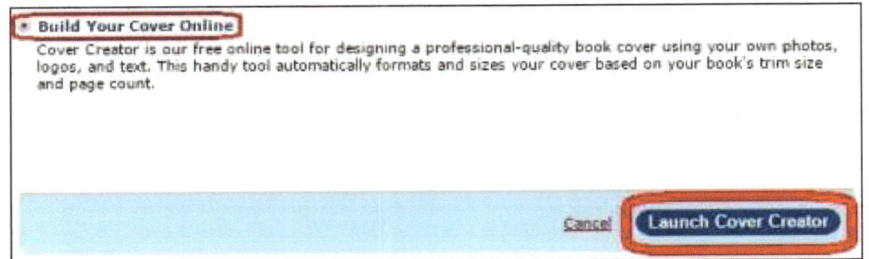

30 種類のテンプレートの中から好きなデザインを選択して、
「OK」をクリックします。デザインを選択した後でさらに画像や
色や文字を選択しますので、かなり本格的なオリジナルの表紙を
作成できます。ただし、英数字しか入力できませんので、日本語
のタイトルや著者名の表紙を作る場合は、自分で作成した表表紙
と裏表紙をアップロードするだけのデザインを選択してくださ
い：

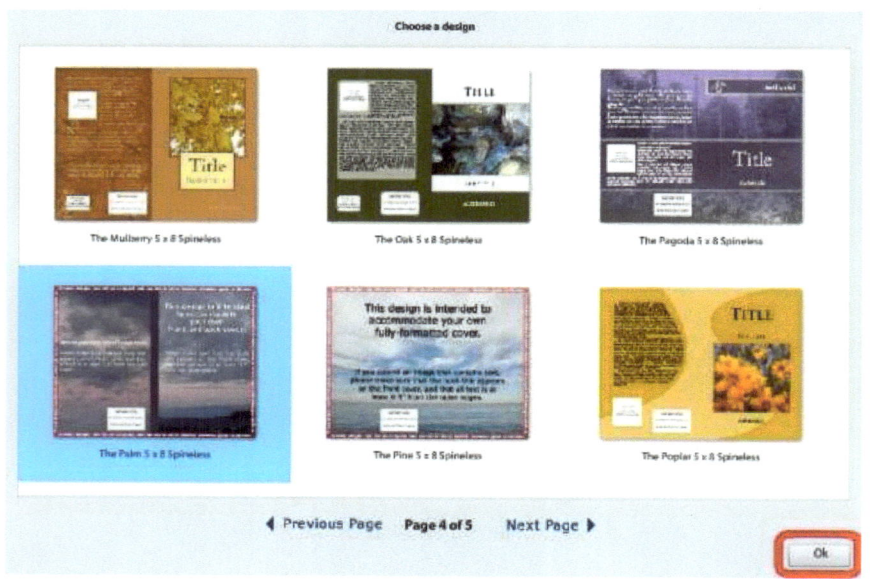

予め作成しておいた画像をアップロードして、「Submit Cover」
をクリックします：

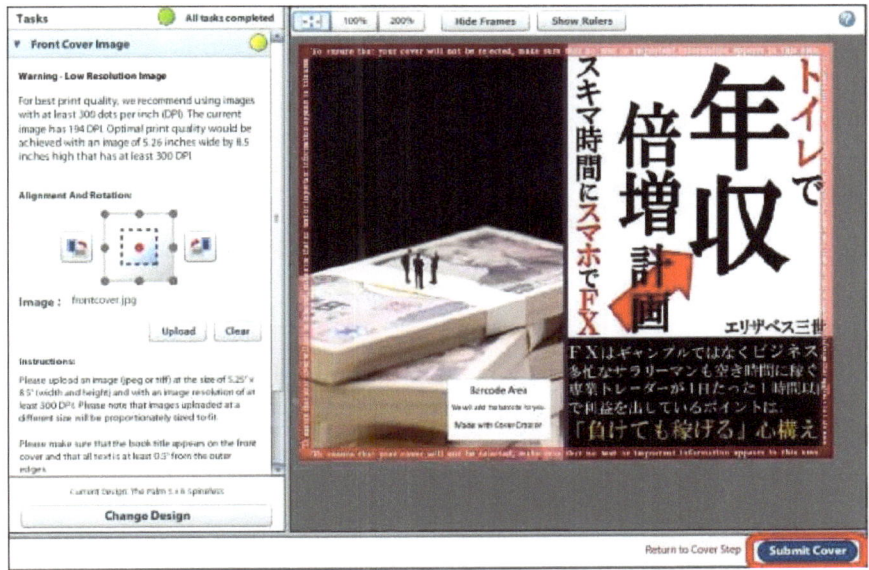

「Complete Cover」をクリックします：

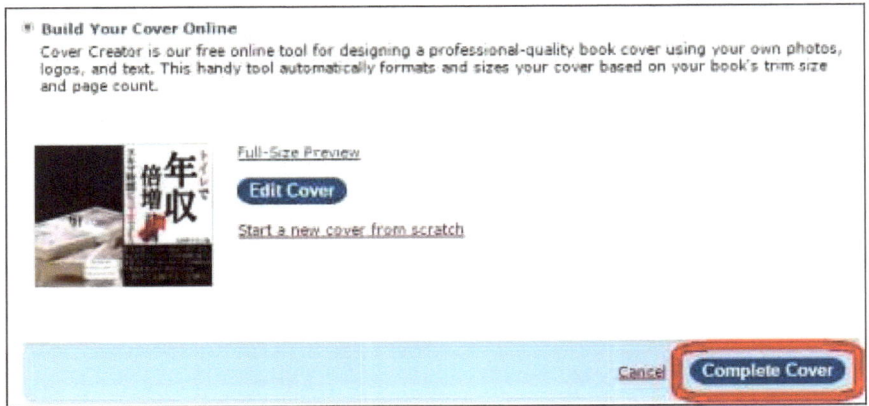

これで表紙ファイルの作成と登録は終了です。「Next」あるいは「Continue」で次に進んでください：

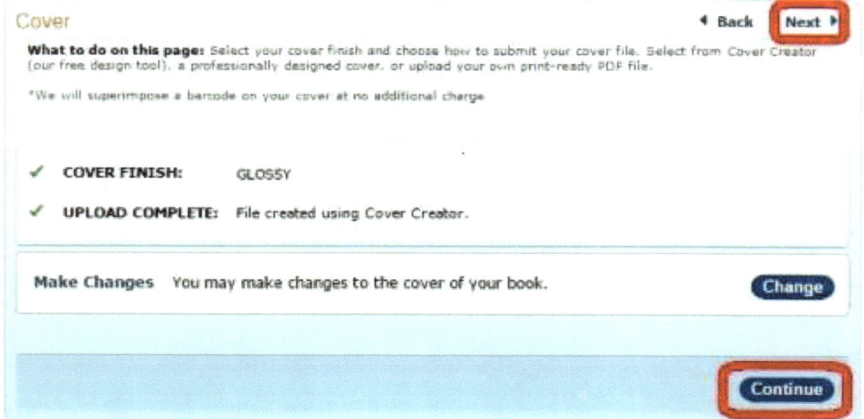

2-4 出版申請

　ここまで作業が終了すると「Complete Setup」の画面が表示されますので、「Submit Files for Review」をクリックしてください：

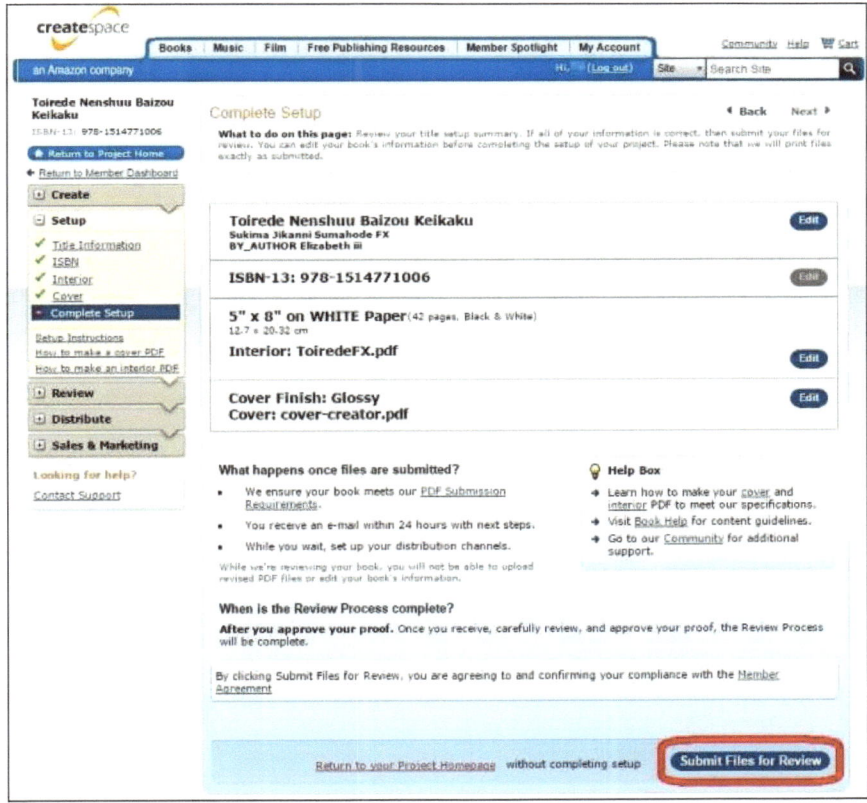

以下のメッセージが表示されますので、「Continue」をクリックします：

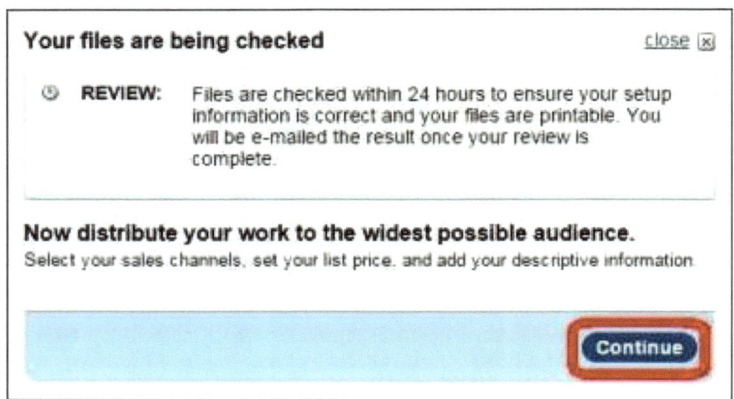

CreateSpace が原稿と表紙のレビューを行なっている間、このように表示されます：

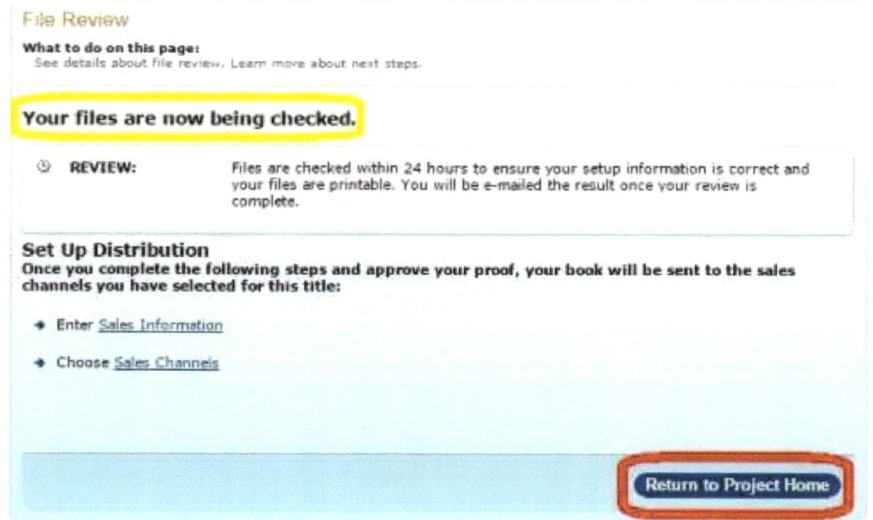

24 時間以内にレビューが終了すると書いてありますが、実際には 12 時間ほどで結果がメールされて来ます。それを待つ間に、販売価格その他の設定を行いましょう。

各設定画面へのリンクは、上記画面にも表示されている「Return to Project Home」をクリックしてこの書籍のトップ画面に戻ると、全体の流れに沿って表示されています。今後、出版作業がすべて終わった後で修正したい項目が出てきた場合など、各項目が直接リンクされているので便利です：

2-5 販売価格の設定と印税の計算

　まず、販売チャネルを選択します。上の 3 つ（Amazon.com,
Amazon Europe, CreateSpace eStore）は最初から選択された状
態になっていますので、下の 3 つも選択しましょう。まずは
「Libraries & Academic Institutions」と「CreateSpace Direct」
の「Select」という白い矢印を選択して、青い「Selected」の矢印
にしてください：

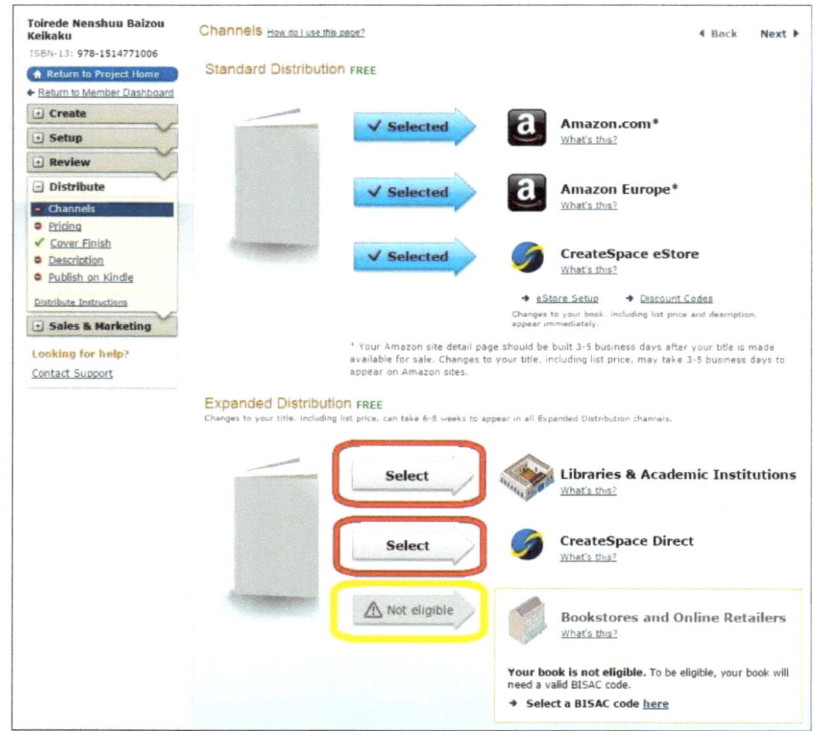

　実は、最後の「Bookstores and Online Retailers」を選択しな
いと amazon.co.jp で販売されないのですが、これは販売ページの
内容を入力しないと選択できないようになっていますので、ひと
まず「Save & Continue」で次に進みます。

このあと説明する商品説明の入力画面でこの本のカテゴリーを指定すると、「Bookstores and Online Retailers」も選択できるようになりますので、そのときにまたこの Channels（販売チャネル）の指定画面に戻ってきて選択してください：

　次は「Pricing」のページで定価を設定します。
　List Price（定価）を決めて入力し「Calculate」をクリックすると、Royalty（印税）が自動的に計算されます：

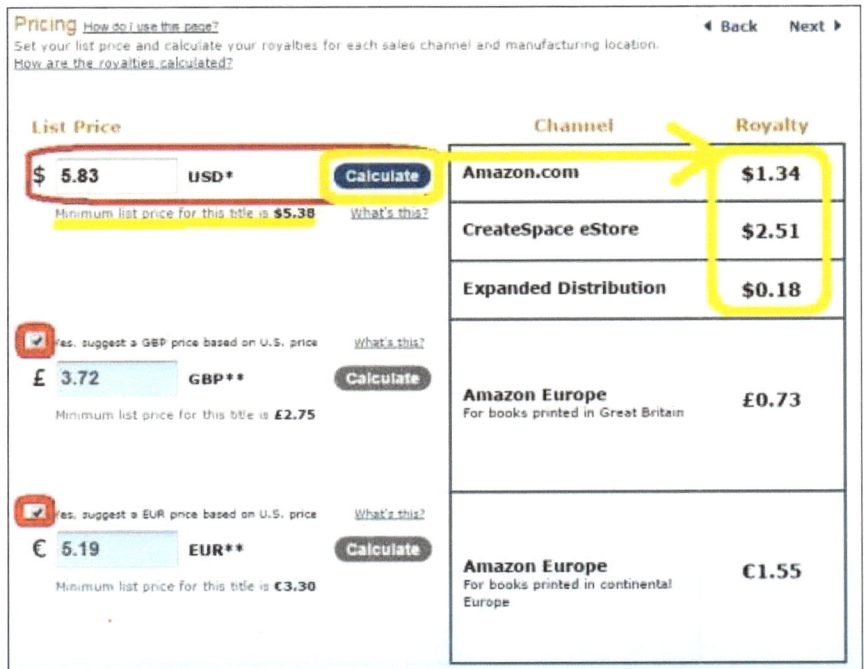

定価は米ドルだけでなくポンドとユーロでも指定しなければいけないのですが、「Yes, suggest a GBP/EUR price based on U.S. price」にチェックを入れれば米ドルの価格に準じて自動的に入力されます。

定価が高ければ高いほど印税も高くなりますが、印税率の上限は決まっており、欧米の Amazon では 60%、その他の国の Amazon では 40% となっています。

上記の例では、定価を「Minimum list price」（最低販売価格）近くに設定したため、印税率はそれほど高くありませんが、定価を最低販売価格の 2 倍以上に設定すれば、その 60% や 40% が印税として入って来ることになります。

印税の計算方法について詳細は、CreateSpace の「Understanding Royalties」のページを参照してください。

次の画面「Description」では、販売ページに表示される内容を指定します：

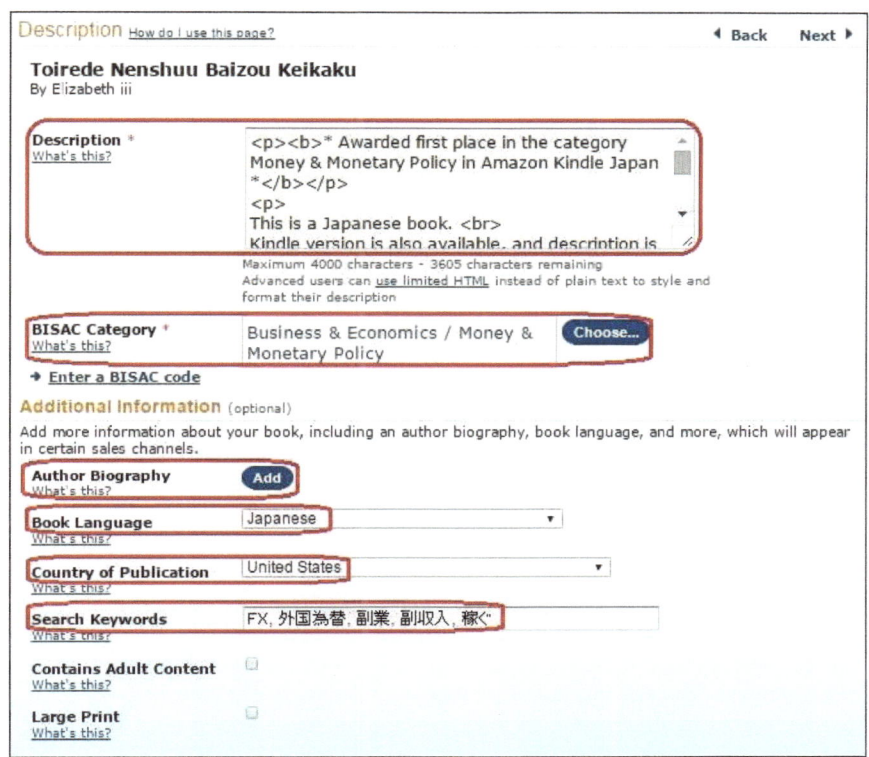

Description（商品説明）

簡単な HTML タグを使用できますので、改行するときは
タグなどを使用してください。日本語は入力できません。

BISAC Category（本のカテゴリー）

「Choose」でカテゴリーを 2 つ選択してください。

Author Biography（著者略歴）

「Add」をクリックすると記入欄が表示されます。

Description（商品説明）と同様に、簡単な HTML タグを使用できます。日本語は入力できません。

Book Language（言語）

日本語であれば「Japanese」を選択してください。

Country of Publication（出版国）

CreateSpace が提供している無料 ISBN を使用している場合は、CreateSpace が発行元になりますので「United States」を選択してください。

Search Keywords（検索キーワード）

日本語も入力できます。カンマ(,)で区切って、5 つまで指定できます。

Contains Adult Content（アダルト指定）
Large Print（大型活字）

該当するようであればチェックを入れてください。

これらの入力内容は、出版された後に変更することも可能です。

2-6　最終確認をして出版

　CreateSpace によるレビューが完了すると、「Proof is ready to order」という件名のメールが届きます：

Congratulations!

Your interior and cover files for Toirede Nenshuu Baizou..., #*******
meet our technical requirements for printing.

The next step in the publishing process is to proof your book:

FOLLOW THIS LINK TO GET STARTED:

****
https://tsw.createspace.com/title/******/review
****

Best regards,
The CreateSpace Team

このメール内のリンクをクリックすると、Proof Your Book（最終確認画面）になります。

　万が一このメールを見落としてしまったとしても、Project Home で「File Review」が終了したことが分かりますので、そこから「Proof Your Book」のリンクをクリックしてください：

　印刷・製本された実物を送ってもらって確認する方法もありますが、それには実費＋国際送料がかかってしまいますので、ここでは書籍の外観をオンラインで確認する方法をご紹介します。
「View a Digital Proof」をクリックしてください：

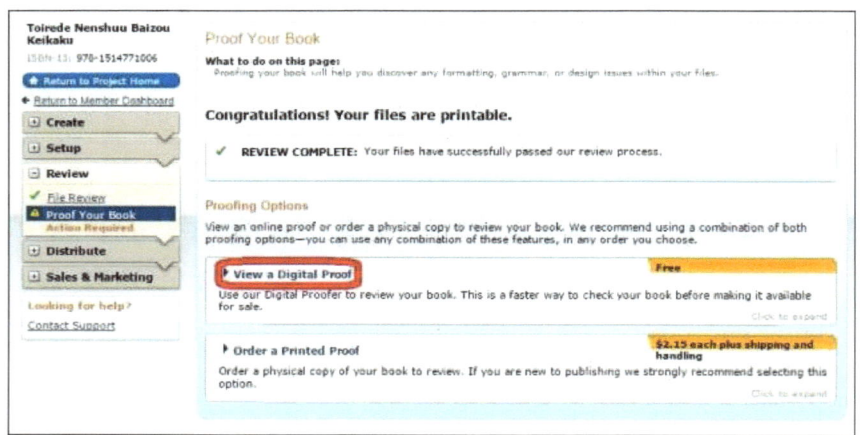

　「Digital Proofer」というツールを使う方法と、PDF形式でダウンロードする方法があります。両方で確認してみましょう：

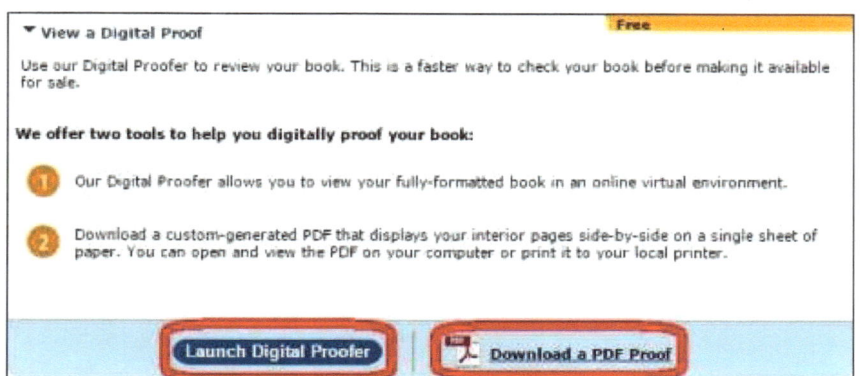

「Digital Proofer」を起動すると、表紙を含めた全ページを見ることができます：

　念のため PDF でも確認してみましょう。PDF には表紙は印刷されておらず、CreateSpace の Digital Proof による PDF であることが最初と最後に記載されています：

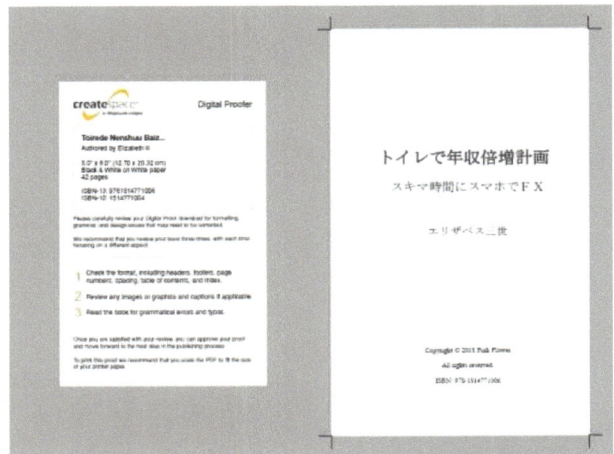

問題ないようであれば「Proof Your Book」の画面に戻って、「Approve」をクリックします：

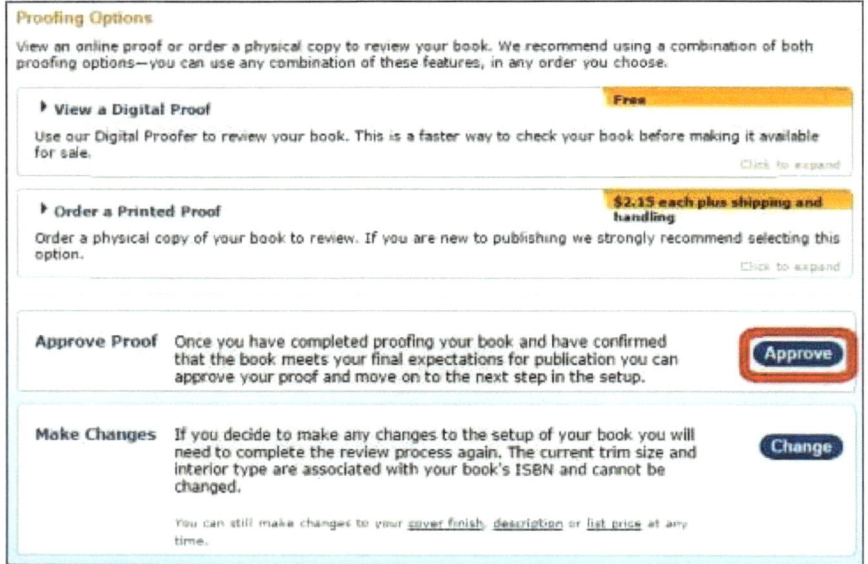

もう一度「Approve」：

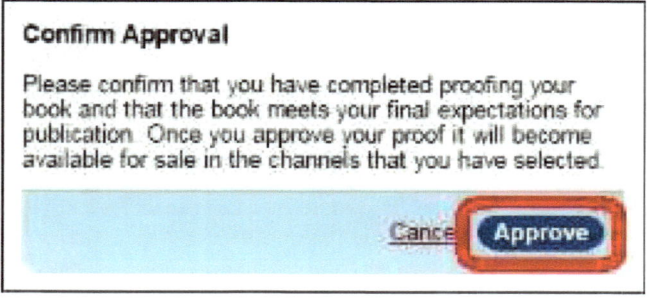

「Congratulations!」のポップアップ画面が出たら、出版手続き終了です。お疲れ様でした！

　欧米の Amazon には数日後、その他の地域には 1〜2 ヶ月後に販売されます：

2-7　著者割引で購入する方法

出版した本は、著者割引で購入できます。

前述した通り、出版前の最終確認作業は、オンラインの Digital Proof ではなく印刷・製本された実物を送ってもらって確認する方法もあります。著者割引というのもそれと同じで、実費＋国際送料で購入することができます。

実物を送付してもらうには、最初にアカウントを設定した時に使用したアカウント設定画面で、「Billing Profiles」にクレジットカード情報を、「Shipping Profiles」に送付先を入力してください：

それでは、自分の本を著者割引価格で購入してみましょう。CreateSpace にログインして最初に表示される Member Dashboard に、出版した本がリストされていますので、そこで「Order Copies」をクリックしてください：

「Unit Price」（単価）は、CreateSpace がその本を印刷して製本する費用です。本の大きさやページ数によって異なりますが、ページ数が少なめの白黒印刷の本は$2.15 でした。フルカラーの場合は白黒の 2 倍くらいします。

　他にも出版した本があれば、もちろん一緒に注文できます。それぞれ「Quantity」に数量を指定して、「Check Out」をクリックしてください：

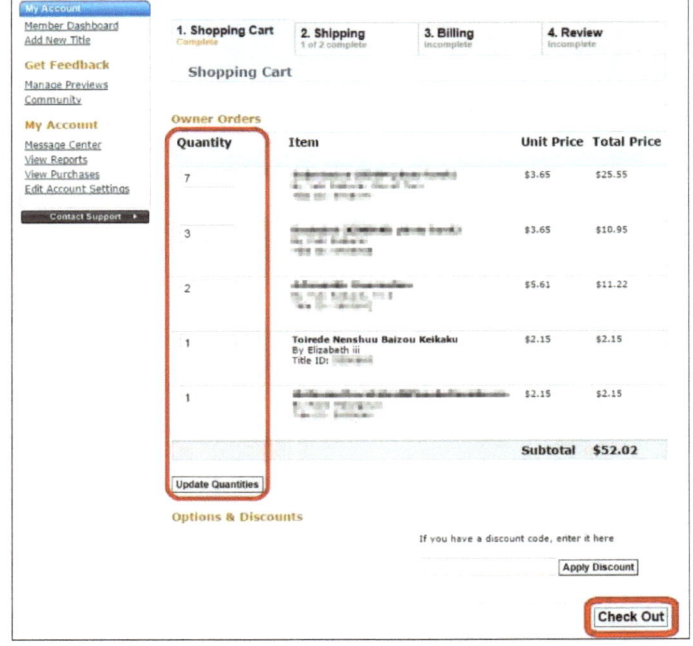

送付方法を選んで　「Save & Continue」をクリックします：

Standard（標準）：配達予定日が2ヶ月後になります（私の経験上、1か月以上かかることはありませんでしたが）。

Expedited（速達）：配達予定日は3〜4週間後、値段はStandardとほとんど変わりません。

Priority（保証付き）：配達予定日は2週間後ですが、値段がStandardの2倍以上します。

　送付方法はこの3種類ですが、真ん中の「Expedited」が妥当かと思います。このときは3週間ほどで届きましたが、注文してから2週間で届いたこともありました。郵便事情に左右されますから何とも言えませんが、ここに記載されている「Estimated Delivery Date」（配達予定日）よりも若干早めに届くようです。

次の画面には、先ほど入力したクレジットカード情報が表示されますので、それでよろしければ、「Use this Profile」をクリックします：

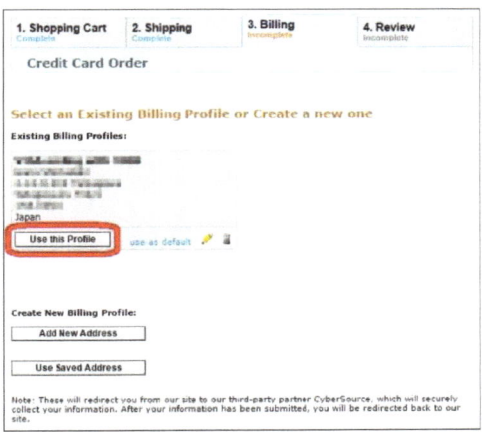

　「Confirm Order」をクリックすると、注文が確定します：

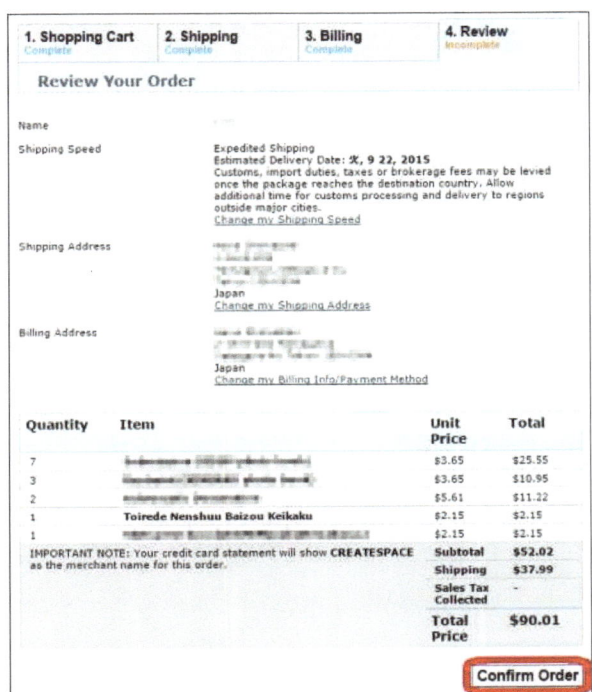

段ボール箱で届きます：

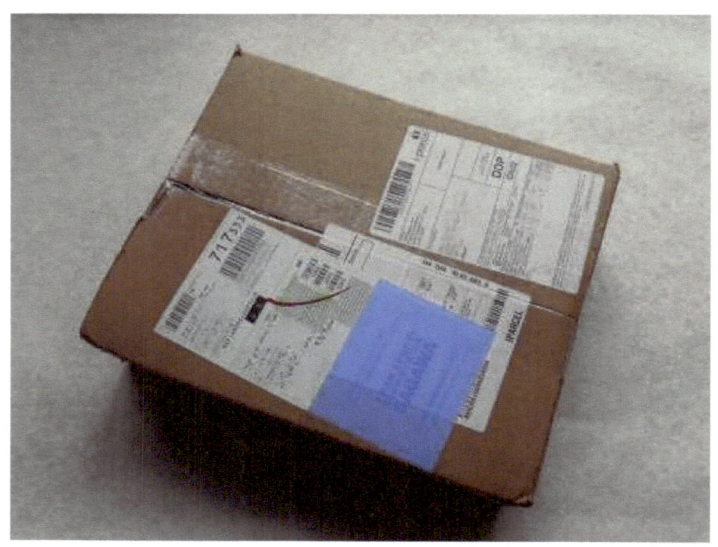

実物と対面すると、感動もひとしおです：

2-8　電子書籍版の作成

　以上で、「紙の本を無料で出版する方法」の説明は終了です。け
れども、せっかく本を出版したのですから、電子書籍版も作って
みませんか？　Amazon から Kindle 版（電子書籍）とペーパーバ
ック版（紙書籍）の両方を出版していると、両方の販売ページに
そのことが記載されるため、販売チャンスが倍増します：

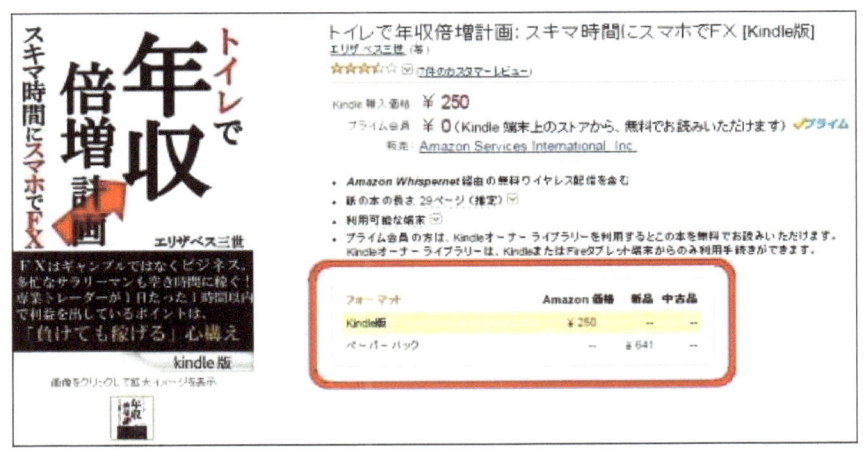

電子書籍の作成方法については、低価格でもかなり充実したマニュアル本が多数出版されておりますので、参照してみてください。例えば以下の 2 冊は、最新情報が定期的に更新されているようですし、かなり分かりやすくまとまっていますのでお勧めです：

『電子書籍 楽天 KWL アマゾン KDP 自己出版: 準備編』
Hiroshi Satake（著）

『電子書籍・フリーソフトの Sigil で自己出版　（EPUB2, EPUB3 製本編）』
Hiroshi Satake（著）

【補足】完全に日本語対応する方法

　ここでは補足として、若干の費用はかかりますが完全に日本語対応する方法をご紹介いたします。

　CreateSpace が無料で提供している ISBN 出版者記号を使用した場合、発行元が米国になるため、その本は amazon.co.jp の販売ページにおいて「日本語の洋書」扱いになります。つまり、Amazon 内の「本」カテゴリーではなく「洋書」カテゴリーに分類されてしまうということになります。その対応策として、自分で ISBN を取得すれば、発行元が日本になりますので洋書扱いになることはありません。

　ISBN 出版者記号は、出版「社」ではなく出版「者」となっている通り、法人ではなく個人でも取得できます。登録申請料は、10 冊分で 20,000 円（税抜き）、100 冊分で 34,000 円（税抜き）です。さらに、紙書籍を Amazon で販売するには書籍 JAN コードが必要であり、そちらは出版者に対して 3 年ごとに 10,000 円（税抜き）の登録申請料がかかります。

　ISBN 出版者記号および書籍 JAN コードの取得方法について詳細は、日本図書コード管理センターの Web サイトを参照してください。

　また、CreateSpace の入力画面は英数字にしか対応していないため、販売ページの商品説明を日本語で書くことができません。その対応策として、amazon.co.jp の出品サービスを利用して自分で出品すれば、日本語の販売ページを自分で作成できます。ただしそれには、月額 4,900 円で Amazon の大口セラーアカウントになる必要があります。また、洋書は海外の業者でないと出品でき

ないため、CreateSpace から無料で提供される ISBN は使用でき
ません。

　amazon.co.jp に自分で出品する方法について詳細は、Amazon
出品（出店）サービスを参照してください。

おわりに

　私が子供の頃、学校で配布される印刷物はガリ版でワラ半紙に印刷されたものでした。自分の文章が活字になるというのが、本当に特別なことだった時代です。その後、ワープロが普及しましたが、私が大学を卒業する頃にはまだ卒業論文を手書きで書いていた人が多かったように思います。

　それが今では、誰もが毎日メールを打つたびに、活字になった自分の文章を目にしています。さらに、2012 年 10 月に Amazon Kindle が日本に上陸して以来、電子書籍の個人出版は決して珍しいことではなくなりました。ところが、そんな時代になってもなお、紙書籍の自費出版には何百万円もかかるのが当たり前だと言われています。

　けれども、その常識が今、覆されようとしているのです。

　伝えたい想いさえあれば、それは必ず形にできます。
　あなたの想いを、紙の本にして出版してみませんか？
　本は、一生の記念として残るものです。さらに、出版したことをきっかけに、新しい世界が広がるかも知れません。

　あなたの出版を心から応援しています。

エリザベス三世

紙の本を無料で出版する方法

2016 年 2 月 12 日発行
著者　エリザベス三世

www.ingramcontent.com/pod-product-compliance
Lightning Source LLC
Chambersburg PA
CBHW040852180526
45159CB00001B/398